LA TRAGI-COMÉDIE DU CID.

DES SENTIMENTS

DE L'ACADÉMIE FRANÇAISE

SUR

LA TRAGI-COMÉDIE DU CID

ESSAI

sur la compétence des hommes de l'art et du public
en matière de goût.

PARIS

IMPRIMERIE PANCKOUCKE

14, RUE DES POITEVINS

1840

HISTORIQUE.

Le *Cid* eut le sort auquel il fallait s'attendre. Les faux savants
et les mauvais poëtes, dont il déconcertait les idées, le condam-
nèrent. Le public subit, comme toujours, l'ascendant du génie.

On s'étonne de trouver Richelieu à la tête de la conjuration
contre le *Cid*. Pélisson l'explique par une jalousie de poëte; Voltaire pense qu'occupé des affaires de l'Europe et des factions de
la France, il ne pouvait pas sentir le charme des scènes de Rodrigue et de Chimène. Mais il y avait dans le *Cid* des caractères
à sa taille : si l'on songe que la pièce parut après l'édit contre les
duels; qu'à cette époque des gentilshommes se battaient sur la
place Royale pour braver l'édit du roi, et qu'on ne fit supprimer
à Corneille que quatre vers trop dangereux [1], on croira peut-être
que le ministre fut magnanime, s'il fut jaloux.

Corneille dédaigna d'abord les cris de ses envieux. A la fin il
eut le malheur de publier l'*Excuse à Ariste*, où la jalousie re-
marqua ce vers :

Je ne dois qu'à moi seul toute ma renommée.

La fureur fut au comble. Ce vers aurait suffi pour faire songer à
Guillen de Castro [2], si l'envie avait besoin d'un avertissement

---

[1]   Les satisfactions n'apaisent point une âme;
      Qui les reçoit a tort, qui les fait se diffame:
      Et de pareils accords l'effet le plus commun
      Est de déshonorer deux hommes au lieu d'un.

                                          Acte II, sc. I

[2] Auteur de *las Mocedades del Cid*

pour élever l'accusation de plagiat. On fit parler ainsi le poëte
espagnol :

> Donc, fier de mon plumage, en corneille d'Horace,
> Ne prétends pas voler plus haut que le Parnasse.
> Ingrat, rends-moi mon *Cid* jusques au dernier mot ;
> Après tu connaîtras, corneille déplumée,
> Que l'esprit le plus vain est souvent le plus sot ;
> Et qu'enfin *tu me dois toute ta renommée.*

On alla jusqu'à dire que *trois ou quatre de l'Académie avaient
corrigé à Corneille plusieurs fautes*[1], et l'on se tut sur l'*Honrador
de su padre* par Diamante, preuve que cette pièce, qui a tant de
rapports avec le *Cid*, n'avait pas encore paru, quoique don Eu-
genio de Ochoa exprime encore un léger doute. L'homme qui
parut avec le plus d'éclat dans cette polémique fut Scudéri.

Il publia un pamphlet anonyme sous le titre d'*Observations
sur le Cid*. On imagine ce qu'avaient pu produire l'amour-propre
humilié d'un mauvais poëte, et l'orgueil du gentilhomme, gouverneur de Notre-Dame-de-la-Garde. Mais il faut rendre cette
justice à Scudéri, que ni Voltaire, ni La Harpe n'ont pu découvrir
dans le *Cid* un seul défaut (sauf l'emphase de quelques vers), qu'il
n'eût déjà signalé. Cela prouve que l'envie, *à l'œil timide et lou-
che*, est clairvoyante quand il s'agit d'apercevoir des fautes.

Rien ne manqua à la gloire de Scudéri. La *Défense du Cid* ne
s'adressait qu'à lui ; un tiers, qui voulait tout concilier, le pla-
çait au-dessus de Corneille ; Mairet[2], Claveret[3] et leurs *apolo-
gistes*[4] ne firent guère que répéter ses critiques, varièrent peu
ses injures, et imitèrent ses travers en les surpassant. Ainsi,
Scudéri ayant fait sonner un peu haut son titre de gentilhomme,
Mairet crut devoir au public l'arbre généalogique de sa famille[5].

J'abandonne les ridicules, les injures, les cartels même (Corneille reçut un cartel de Scudéri) à celui qui voudra nous peindre
les mœurs de ce temps. Je n'étudierai que la critique.

La littérature avait alors, comme la théologie, un livre sacré ;
c'était la *Poétique* d'Aristote. Le *Cid* était mauvais, parce qu'Aris-

---

[1] Scudéri, *Lettre à l'Académie.*
[2] *Épître familière sur la tragi-comédie du Cid.*
[3] *L'auteur du vrai Cid espagnol à son traducteur français.*
[4] *Apologie pour Monsieur Mairet contre les calomnies du sieur Corneille
de Rouen.*
[5] *Lettre à son apologiste.*

tote avait dit que les mœurs devaient être bonnes au théâtre ;
et Chimène était une Furie, une Danaïde, une parricide, un
monstre. Il ne fallait pas dire qu'elle n'épouse pas Rodrigue dans
la pièce : la volonté seule fait le mariage, répondait Scudéri ;
et il citait aussitôt les canonistes et les jurisconsultes au titre des
noces. Aristote avait voulu que les mœurs fussent égales, et
l'amante de Rodrigue voulait une fois

> Le poursuivre, le perdre et mourir après lui.
>
> (Acte III, sc. 3.)

Elle lui disait dans un autre moment :

> Sors vainqueur d'un combat dont Chimène est le prix.
>
> (Acte v, sc. 1.)

Aristote avait distingué deux vraisemblables, l'un commun,
l'autre extraordinaire. C'est ici que le savoir et l'esprit vont se
déployer. Scudéri a trouvé que le cadavre du comte devait être
dans la maison de Chimène au moment où Rodrigue y paraît ; il
est tenté de demander au héros s'il n'a pas jeté de l'eau bénite
sur le corps avant de sortir. Dans la pièce, les Maures jettent
l'ancre dans le port. En ces occasions, dira Scudéri, on n'ancre
pas, afin de se retirer plus vite au besoin. L'Académie répondra
qu'on a la ressource de couper les cordes. Aristote avait voulu
qu'une pièce de théâtre se renfermât dans un tour de soleil.
Corneille, dira éloquemment Claveret, *n'a pas entendu les heures
à l'horloge de l'antiquité.*

Aristote avait appelé *fable* le sujet d'une tragédie.... Mais je
m'arrête ; Scudéri en est à peine à sa troisième citation, que je
lis au bas de la page cette note de Voltaire : *Que tu es ennuyeux
avec ton Aristote !* Honneur cependant à ce grand homme, à qui
la tragédie française doit peut-être sa majestueuse régularité !

Il faut remarquer qu'une réaction fut sur le point d'éclater
contre la *Poétique.* Le bourgeois de Paris, marguillier de sa
paroisse, se vantait de n'avoir pas lu Aristote, et se souciait
peu de ses règles[1]. D'autres allaient jusqu'à dire « qu'Aristote
avait fait des règles pour son siècle et pour les Grecs, et non
pour le leur et pour les Français[2]. » Corneille arrêta ce com-
mencement d'émancipation littéraire.

---

[1] *Jugement du Cid par un bourgeois de Paris, marguillier de sa paroisse.*
[2] CORNEILLE, *Avertissement du Cid.*

Après le jugement de l'Académie, il déclarait encore « qu'il serait le premier à condamner le *Cid* s'il péchait contre les grandes et souveraines maximes posées par le Stagyrite ; il insinuait même que l'Académie avait *tourné le sens du bon Aristote du côté de la politique ;* il tâcha de le tourner du côté de sa gloire. Il reprocha à Scudéri de « s'être fait tout blanc d'Aristote et d'autres auteurs, qu'il n'avait lus ni entendus peut-être jamais[1]. »

Ce fut alors que Scudéri irrité déféra le jugement de la querelle à l'Académie, la conjurant de prononcer pour l'honneur de l'Académie en particulier, et celui de la France en général, *vu que les étrangers, qui pourraient voir le beau chef-d'œuvre, croiraient que les plus grands maîtres de France ne fussent que des apprentis*[2]. Cette lettre fut suivie d'un mémoire [3], *pour servir à MM. de l'Académie,* dans lequel il indiquait tous les chapitres d'Aristote, où étaient les règles que Corneille avait violées. Vadius envoie de même à Philaminte *Horace, Virgile, Térence et Catulle, où elle verra notés en marge tous les endroits que Trissotin a pillés.* Il me paraît que l'art de Molière est resté une fois au-dessous de la nature.

Lorsqu'on songe que le *Cid* fut contemporain de ce pédantisme, on s'étonne de l'essor que le génie de Corneille avait pris au-dessus de son siècle. L'étonnement redouble lorsqu'on apprend en quoi Corneille faisait consister le mérite de son chef-d'œuvre. On croit voir le génie à terre, pour ainsi dire, et dépouillé de ses ailes, à la lecture de ces lignes de l'*Avertissement du Cid :* « Cet heureux poëme n'a si extraordinairement réussi que parce qu'on y voit les deux maîtresses conditions que demande Aristote aux excellentes tragédies. La première est que celui qui souffre ne soit ni tout méchant, ni tout vertueux ; l'autre, que la persécution et le péril ne viennent pas d'un ennemi, ni d'un indifférent, mais d'un homme qui doive aimer celui qui souffre et en être aimé. » Ce sont là, sans doute, deux maîtresses conditions ; mais elles peuvent se trouver dans une pièce très-médiocre, dans la *Sophonisbe* de Mairet, par exemple, et dans toutes les *Sophonisbes* du monde, puisque ces conditions sont dans le sujet.

La Harpe a pensé que « Corneille non-seulement faisait mieux

---

[1] CORNEILLE, *Lettre apologétique*

[2] *Lettre à l'Académie.*

[3] *Preuves des passages,* etc.

que tous ses rivaux, mais en savait plus que tous ses juges. « Je
le crois ; et cependant je songe à ces voyants de l'antiquité, qui
proféraient, durant l'agitation prophétique, des paroles sublimes,
où ils ne voyaient plus que des mystères, lorsque le dieu avait
cessé d'agiter leur poitrine.

Balzac me paraît être le seul homme qui ait porté dans cette
polémique un esprit supérieur. Voici un fragment de la lettre
qu'il écrivait à Scudéri : « L'auteur du *Cid*, disait-il, vous avouant
qu'il a violé les règles de l'art, vous oblige de lui avouer qu'il a
un secret, qu'il a mieux réussi que l'art même, et ne vous niant
pas qu'il a trompé toute la cour et tout le peuple, ne vous laisse
conclure de là, sinon qu'il est plus fin que toute la cour et
tout le peuple, et que la tromperie, qui s'étend à un si grand
nombre de personnes, est moins une fraude qu'une conquête.
Cela étant, je ne doute pas que MM. de l'Académie ne se trouvent
bien empêchés dans le jugement de votre procès, et que, d'un
côté, vos raisons ne les ébranlent, et, de l'autre, l'approbation publique ne les retienne. Je serais en la même peine, si j'étais en la
même délibération, et si, de bonne fortune, je ne venais de trouver votre arrêt dans les registres de l'antiquité. Il a été prononcé,
il y a plus de quinze cents ans par un philosophe de la famille
stoïque, mais un philosophe dont la dureté n'était pas impéné-
trable à la joie, de qui il nous reste des jeux et des tragédies, qui
vivait sous le règne d'un empereur poëte et musicien, au siècle
des vers et de la musique. Voici les termes de cet authentique
arrêt ; et je vous le laisse interpréter à vos dames : *Illud multum
est primo aspectu oculos occupasse, etiamsi contemplatio diligens
inventura est quod arguat. Si me interrogas, major est ille qui
judicium abstulit quam qui meruit.* »

Ce passage latin montre assez que l'érudition ne gâtait le goût
que des pédants et des petits esprits. Balzac était alors membre
de l'Académie. Il est déplorable qu'il ait été laissé dans sa retraite.

Tandis que Chapelain osait juger Corneille [1].

Mais que penser de ce Scudéri, qui fut charmé de cette lettre,
remercia Balzac, et écrivit partout que *ce savant* pensait comme
lui ? Il aurait, je crois, reconnu dans le *Cid* tous les genres de
mérites. Il lui suffisait que la pièce fût contraire aux règles
d'Aristote.

[1] VOLTAIRE. *Discours sur l'Envie*

Cependant l'Académie travaillait au jugement du *Cid*. Richelieu avait désiré qu'on fît droit à la demande de Scudéri ; il avait fallu le consentement de Corneille, et Corneille, pressé longtemps par l'hypocrite Boisrobert, avait laissé échapper ces mots : « MM. de l'Académie peuvent faire ce qu'il leur plaira ; puisque vous m'écrivez que Monseigneur serait bien aise d'en voir le jugement, et que cela doit divertir Son Éminence ; je n'ai rien à en dire. » Aussitôt le cardinal avait dit à un de ses domestiques (c'est Pélisson qui parle[1]) : « Faites savoir à MM. de l'Académie que je le désire, et que je les aimerai comme ils m'aimeront. » Et l'Académie avait chargé Desmarets, de Bourzeis et Chapelain d'examiner le gros de l'ouvrage et les *Observations* de Scudéri, se réservant de prononcer en corps sur les vers et la diction.

Chapelain seul apporta son travail, on le présenta à Richelieu, qui fit mettre des notes dans les marges par son médecin, approuva la substance et écrivit au bas *qu'il fallait y jeter quelques poignées de fleurs*.

Ce soin fut confié à Sirmond, Cérizi, Cérizai et Gombauld. Il paraît qu'ils jetèrent les fleurs à pleines mains, puisque Richelieu trouva l'ouvrage trop fleuri cette fois. Il s'emporta contre Cérizi, et manda Sirmond, Cérizai, Gombauld et Chapelain dans sa maison de Charonne. Cérizai partait pour le Poitou. Les autres obéirent. Chapelain essaya d'abord de justifier Cérizi ; mais le cardinal le saisit par ses glands, et lui parla d'un ton à lui persuader qu'il serait plus sage de se taire.

Il faut dire en passant que les factions déchiraient la France, que l'intrigue agitait la cour, que l'Europe était en feu ; et l'on sait que le ministre ne négligeait ni les factions, ni les intrigues de la cour, ni les affaires de l'Europe. Dans cette circonstance il chargea Sirmond de polir l'ouvrage de Chapelain.

Mais Sirmond ne fut pas plus heureux que les autres, il ne put satisfaire le goût difficile du cardinal, qui, obligé de finir comme il aurait pu commencer, pria Chapelain de *fleurir* son œuvre lui-même.

On aurait dû se hâter davantage, ne fût-ce que par commisération pour Corneille, qui attendait son jugement dans la plus vive anxiété. Un jour, timide comme un enfant, il écrivait : « J'attends avec beaucoup d'impatience le sentiment de l'Aca-

---

[1] *Histoire de l'Académie*, p. 97, in-4°.

démie, afin d'apprendre ce que dorénavant je dois suivre ; jus-
que-là je ne puis travailler qu'avec défiance, et n'ose employer
un mot en sûreté. » Une autre fois il exprimait des espérances
naïves. « Je me prépare, écrivait-il, à n'avoir rien à répondre à
l'Académie, que par des remercîments. » Cependant déjà ses
ennemis se communiquaient secrètement leur joie maligne.
Boisrobert écrivait à Mairet, par commandement de Son Éminence, *qu'il mît toutes ses injures sous le pied*. Il ajoutait : « Vous
verrez un de ces jours son *Cid* assez mal mené par les sentiments de l'Académie. » Alors Corneille prenait la seule attitude
digne de son génie et de sa gloire. Enfin, Chapelain eut le bon-
heur de satisfaire Richelieu, et l'ouvrage, approuvé par l'Académie, parut.

L'Académie n'avait espéré satisfaire ni l'auteur, ni l'observateur, ni le public. Le public approuva ; Scudéri remercia ; Corneille fut atterré. Il se plaignit « qu'on ne l'avait trouvé coupable
que parce qu'on lui avait interdit de se montrer innocent. » Il
voulut répondre à l'Académie ; mais il redouta la colère de
Richelieu : « Il était, disait-il, un peu plus de ce monde qu'Hé-
liodore, qui aima mieux perdre son évêché que son livre. »

Trop docile aux censures peut-être, il fit des variantes qui
ne furent pas heureuses. Ainsi il y avait, dans la première édi-
tion du *Cid*, un vers plein d'éclat et de mouvement :

> Au milieu de l'Afrique arborer ses lauriers.

L'Académie déclara qu'*on n'arbore pas les arbres* ; Corneille
réfléchit qu'on les arrose, et mit à la place d'un beau vers :

> Du sang des Africains arroser ses lauriers.
>
> *(Acte II, sc. 5.)*

Tel fut le résultat du long travail de l'Académie.

DES SENTIMENTS
DE L'ACADÉMIE FRANÇAISE

SUR

LA TRAGI-COMÉDIE DU CID.

La Bruyère a dit : *Le Cid est l'un des plus beaux poëmes que l'on puisse faire, et l'une des plus belles critiques qui aient été faites sur aucun sujet est celle du Cid* [1].

La postérité a ratifié le premier de ces jugements; elle a modifié le second.

Aujourd'hui la critique de l'Académie est plutôt, comme l'a dit La Harpe, *un modèle d'impartialité et de modération que de justesse et de bon goût*. Le *Cid* a obtenu mieux qu'*un rang même considérable entre les poëmes français de ce genre qui avaient jusqu'alors donné le plus de satisfaction* [2]. Pélisson nous apprend que l'opinion commune plaça l'auteur du *Cid infiniment au-dessus de tous les autres poëtes* [3]. Il est inutile de dire que ce rang lui a été maintenu par la postérité.

L'erreur de l'Académie m'a paru un sujet d'étude

[1] La Bruyère, *des Ouvrages d'esprit.*
[2] *Sentiments de l'Académie*, Conclusion.
[3] *Histoire de l'Académie*, p. 94, in-4°.

important ; je l'aborde dans le désir d'établir par un grand exemple quelle est la compétence des hommes éclairés, quelle est celle du public en matière de goût.

L'Académie commença par déclarer qu'elle ne tiendrait pas compte de l'approbation publique. Il me paraît que cette erreur entraîna toutes les autres.

Nous ne dirons pas sur la foi du peuple, disait-elle, *qu'un ouvrage soit bon, parce qu'il l'aura contenté, si les doctes aussi n'en sont contents* [1]. Dès lors le *Cid* était condamné. Il est vrai que Scudéri déplore en style emphatique qu'*un fantôme ait abusé le savoir comme l'ignorance* [2]. Mais Richelieu écrivait en marge du premier travail de Chapelain : *L'approbation et le blâme du* Cid *sont entre les doctes et les ignorants* [3].

Les ignorants allaient au théâtre pour leur plaisir. Ils se sentaient émus de terreur et de pitié, et ils approuvaient, sans savoir que la terreur et la pitié sont les objets de la tragédie; ils sentaient leur âme s'élever, et ils admiraient, sans savoir ce que La Bruyère a écrit plus tard : *Quand une lecture vous élève l'esprit, ne cherchez pas une autre règle pour juger de l'ouvrage; il est bon, et fait de main d'ouvrier* [4].

Cependant que faisaient les doctes ? ils commen-

---

[1] *L'Académie*, p. 6.
[2] *Observations sur le Cid*, p. 1.
[3] Pélisson, *Histoire de l'Académie*, p. 99.
[4] *Des Ouvrages d'esprit.*

taient la *Poétique,* pour savoir si les règles leur per-
mettaient de s'émouvoir; et l'Académie elle-même
*ne regardait pas tant si la pièce avait plu, que si
elle avait dû plaire*[1] d'après les règles.

Laquelle des deux méthodes était la meilleure?

Nous laisserons répondre Molière qui, en qua-
lité de poète dramatique, de comédien et d'observateur surtout, a dû étudier profondément la ma-
nière dont jugeaient les doctes et les ignorants. Il
est difficile de croire qu'il ait écrit la *Critique de
l'École des Femmes* sans se souvenir ni des *observations* de Scudéri, ni des *sentiments* de l'Académie. Il
est vrai que les arguments employés contre Corneille ont probablement servi contre lui, et qu'il a
pu même rencontrer une ressemblance sans y songer, comme tous les jours, dans le monde, on joue
sans le vouloir quelqu'une de ses scènes. Quoi qu'il
en ait été, je demande, malgré quelque répugnance,
qu'on me permette le dialogue suivant :

SCUDÉRI.

Je ne m'étonne pas beaucoup que le peuple, qui porte le
jugement dans les yeux, se laisse tromper; mais que cette
vapeur grossière, qui se forme dans le parterre[2].....!

DORANTE.

Tu es donc, *gouverneur,* de ces messieurs du bel air, qui
ne veulent pas que le parterre ait du sens commun, et
qui seraient fâchés d'avoir ri *ou pleuré* avec lui! Je vis
l'autre jour, sur le théâtre, un de nos amis qui se rendit ri-

---

[1] *L'Académie,* p. 5.
[2] *Observations sur le Cid,* p. 1.

dicule par là. A tous les éclats de risées, il haussait les épaules, et, regardant le parterre avec dépit, il disait tout haut : Ris donc, parterre, ris donc. Ce fut une seconde comédie que le chagrin de notre ami. Apprends, *gouverneur*, qu'à le prendre en général, je me fierais assez à l'opinion du parterre, par la raison qu'entre ceux qui le composent, il y en a qui sont capables de juger d'une pièce selon les règles, et que les autres en jugent par la bonne façon d'en juger, qui est de se laisser prendre aux choses [1].

SCUDÉRI.

Je me tairai pour *te* vaincre, et laisser parler Aristote, qui *te* veut répondre pour moi que la pièce choque les principales règles du poëme dramatique [2].

DORANTE.

Vous êtes de plaisantes gens avec vos règles, dont vous embarrassez les ignorants, et nous étourdissez tous les jours. Je voudrais bien savoir si la grande règle des règles n'est pas de plaire, et si une pièce qui a attrapé son but n'a pas suivi un bon chemin [3]. Veut-on que tout un public s'abuse sur ces sortes de choses, et que chacun ne soit pas juge du plaisir qu'il prend [4] ?

CHAPELAIN.

La pièce a eu assez d'éclat et de charmes pour avoir fait oublier les règles à ceux qui ne les savent guère bien. S'ils eussent été moins ingénieux, ils eussent été moins sensibles. Ils eussent vu les défauts que nous voyons en cette pièce, s'ils ne se fussent point trop arrêtés à en regarder les beautés [5].

---

[1] MOLIÈRE, *Critique de l'École des Femmes*, sc. VI.

[2] *Observations et preuves des passages.*

[3] La principale règle est de plaire et de toucher : toutes les autres ne sont faites que pour parvenir à cette première. (RACINE, Préface de *Bérénice*.)

[4] MOLIÈRE, *Critique de l'École des Femmes*, sc. VII.

[5] *L'Académie*, p. 23 et 70.

URANIE.

Pour moi, quand je vois une pièce de théâtre, je regarde seulement si les choses me touchent; et lorsque je me suis bien divertie, je ne vais pas demander si j'ai eu tort, et si les règles d'Aristote me défendaient de rire *ou de pleurer* [1].

CHAPELAIN.

Il faut plutôt peser les raisons, et ne pas tant regarder si la pièce vous a plu, que si en effet elle a dû *vous* plaire *d'après les règles* [2].

DORANTE.

C'est justement comme un homme qui aurait trouvé une sauce excellente, et qui voudrait examiner si elle est bonne sur les préceptes du *Cuisinier français* [3].

Deux vérités me paraissent établies maintenant. La première,

Que l'Académie, en voulant juger le *Cid* par l'application des règles, avait adopté la pire des méthodes. — La seconde,

Qu'*il est impossible que toute une nation se trompe en fait de sentiment, et ait tort d'avoir du plaisir,* comme l'a dit Voltaire, qui se souvenait de Molière dans ce moment.

Il semble, au premier abord, que Chapelain aurait pu accabler Uranie et Dorante sous la gloire de ce poëme dont Boileau lui a fait un titre à l'immortalité. Si jamais une nation s'est trompée, ce

---

[1] MOLIÈRE, *Critique de l'École des Femmes*, sc. VII.

Ceux même qui s'y étaient le plus divertis eurent peur de n'avoir pas ri dans les règles. (RACINE, Préface des *Plaideurs.*)

[2] *L'Académie*, p. 5.

[3] MOLIÈRE, *Critique de l'École des Femmes*, sc. VII.

fut alors sans nul doute. Voici comment la chose se passait :

Chapelain lisait la *Pucelle* chez le grand Condé. Il avait pour auditoire tout ce qu'il y avait de plus distingué dans les deux sexes, à la cour et à la ville, et tout le monde admirait. *Cela est beau! cela est sublime!* s'écriait-on d'une voix entrecoupée de bâillements. Enfin madame de Longueville dit tout bas à l'oreille du prince : *Oui, cela est beau; mais c'est bien ennuyeux, car nous bâillons tous.*

On admirait, on se récriait, parce qu'on peut se tromper dans ses jugements; mais on n'était pas intéressé, parce qu'on n'est pas libre de l'être par un livre sans intérêt. Au contraire, on bâillait. Une des lois qui régissent nos organes veut qu'on bâille à la lecture d'un livre ennuyeux, et il serait étrange que le faux goût fût un privilége qui dispensât d'obéir à cette loi.

Méprisez, tant qu'il vous plaira, le jugement du public; mais tenez compte du sentiment qu'il éprouve.

Et il ne faut pas craindre une méprise là-dessus. On peut lire les qualités d'un livre sur la physionomie des auditeurs. La terreur glace les traits du visage; la chaleur a seule le pouvoir de les enflammer; une scène touchante fait seule verser des larmes, et il y a un sourire que la grâce seule produit.

Ni la cabale, malgré le bruit de ses acclamations; ni l'illusion théâtrale, malgré son prestige;

ni la nouveauté, qui est à l'art ce que la jeunesse est à la beauté, ne peuvent donner le change au sentiment, ni contrefaire ses signes extérieurs.

Buffon a pensé qu'il y a des prestiges à l'aide desquels on surprend l'émotion. Il a pris possession du fauteuil académique par cette insulte au bon sens populaire : *Que faut-il pour émouvoir la multitude et l'entraîner? Un ton véhément et pathétique, des gestes expressifs et fréquents, des paroles rapides et sonnantes.*

Dans l'antiquité, les orateurs qui n'avaient que ces qualités-là s'enfermaient dans les murs des écoles, sortes d'académies, ou n'affrontaient la poussière et le soleil que pour être vaincus sur la place publique. Eschine avait le *geste fréquent* et le *ton pathétique*. Il avait été acteur. Il avait *des paroles sonnantes : Sonitum Æschines, vim Demosthenes* [1]. Il avait des qualités éminemment populaires, l'éclat de l'imagination, l'ampleur du style : *Plus carnis habet, lacertorum minus* [2]; et Démosthène le vainquit par la supériorité de sa raison et la beauté sévère d'une diction pure, précise et forte.

Je ne sais s'il est plus exact de dire avec le seigneur de Montbar, qu'*il s'est trouvé dans tous les temps des hommes qui ont su commander aux autres par la parole.* Les orateurs d'un jour ou deux sont de toutes les époques, comme les traits d'élo-

[1] Cic., *de Oratore*, p. 182, in-folio, t. 1.
[2] Quintil., *Inst. orat.* lib. x, c. 1.

quence; mais on n'a exercé la royauté, l'empire continu de la parole que dans les siècles où *on a bien écrit et bien parlé* et où les arts ont fleuri. Le premier qui régna par la parole à Athènes, fut contemporain de Sophocle et de Phidias. A Rome, on ne régna par la parole, sur la multitude même, qu'après que les chefs-d'œuvre de la Grèce furent entrés dans ses murs à la suite des chars de triomphe. On voit s'il est aisé de persuader le peuple.

Buffon ajoute : *Pour ceux qui, comme vous, comptent pour peu le ton, les gestes et le vain son des mots, il faut des choses, des pensées, des raisons.* Il faut des Démosthènes sur la place publique, et des Fontenelles dans les académies.

M'opposera-t-on le sens exquis du peuple athénien, le bon sens du peuple de Rome? Je dirai que la chaire est aussi une tribune populaire, et que jamais nulle part, ni à Antioche, ni à Hippone, ni à Paris, le peuple n'a préféré les orateurs à prestiges à saint Chrysostome, à saint Augustin, à Massillon. Mais j'ai hâte de rentrer dans la polémique du *Cid*.

Là aussi on parla de prestiges. Mondori et la Villiers avaient fait le succès de la pièce. L'Académie ne s'arrêta pas à ces raisons, et elle fit bien, puisque le *Cid* nous charme à la lecture autant qu'à la représentation. Mais elle imagina, elle, un singulier prestige ; elle dit que *l'auteur du* Cid *s'était aisément rendu maître de l'âme des spectateurs, en y portant le trouble et l'émotion*[1]. Elle aurait dû au moins reconnaître que c'était là, selon l'expression de Balzac, une excellente magie.

Un stoïcien s'écriait, dans les douleurs de la goutte : *O douleur! tu as beau faire, je n'avouerai pas que tu sois un mal.* L'Académie a l'air de dire, dans les douceurs du trouble et de l'émotion : *O Cid! tu as beau faire, je n'avouerai pas que tu sois beau.*

Pour échapper à l'émotion populaire, elle se replie en cent façons. Ainsi elle suppose *un peuple qui ne serait pas moins touché de voir affliger une Clytemnestre qu'une Pénélope*[2]. Si un tel peuple existe, il faut se ranger à la religion des anciens Perses, et dire : Il y a un dieu du mal, voilà un peuple organisé par lui.

Elle apporte comme exemple de *goût dépravé, celui qui fait aimer les aigres et les amertumes*[3]. Un tel goût n'est jugé dépravé que parce qu'il est contraire au goût général. Voulez-vous, messieurs de l'Académie, qu'on juge sur ce même principe les divers goûts en littérature[4]?

J'hésite maintenant à presser les principes que l'Académie va poser. Je pressens qu'il faudra renouveler entre l'Académie et Corneille la bizarre argumentation du maître d'éloquence et de l'élève plaidant contre lui.

L'Académie dira : *Il n'est pas croyable qu'un plaisir*

---

[1] Page 70.

[2] et [3] Page 6.

[4] With regard to the objects of sentiment the common feelings of men have a title to regulate the taste of every individual (BLAIR, *Lect.* II).

soit contraire au bon sens[1]. Corneille n'avait qu'à ajouter : *Mon Cid a fait plaisir; il n'est donc pas contraire au bon sens.* L'Académie prouvera plus loin que le *Cid* choque le bon sens ; elle sera conduite à nier la possibilité même d'un plaisir avoué par elle, et senti par tout le monde.

Elle dira encore : *Il est comme impossible de plaire par le désordre et la confusion, et, s'il se trouve que les pièces irrégulières contentent quelquefois, ce n'est que pource qu'elles ont quelque chose de régulier*[2]. Corneille pouvait s'emparer de ce principe, et dire avec confiance : *Si les pièces de théâtre ne plaisent que pource qu'elles ont quelque chose de régulier, si l'agrément est en raison de la régularité, jamais pièce ne fut plus régulière que le Cid*[3]. L'Académie prouvera l'irrégularité du *Cid*, et l'on voit où le syllogisme, qu'elle n'achèvera pas, l'aurait conduite.

Il est plaisant de voir l'analyse et la synthèse aller chacune de son côté. Il est bizarre de voir la synthèse conduire toujours l'Académie à nier la possibilité de ce qu'elle avoue ; il paraît que les arts ne sont pas du domaine de la synthèse[4].

[1] Page 6.

[2] Page 7.

[3] Ils disaient que la pièce était contre les règles. Je m'informai s'ils se plaignaient qu'elle les eût ennuyés. On me dit qu'ils avouaient qu'elle les avait attendris, et qu'ils la verraient encore avec plaisir. Je les conjure d'avoir assez bonne opinion d'eux-mêmes, pour ne pas croire qu'une pièce qui les attendrit et leur donne du plaisir puisse être absolument contre les règles. (RACINE, Préface de *Bérénice*.)

[4] Une science du beau supposerait une idée objective du beau, que l'on pourrait prouver par des principes *a priori*, ce qui est impossible. (KANT, *Critique de la faculté de juger*.)

L'Académie arrive enfin au jugement de la pièce. Après les principes qu'elle a posés, on pressent qu'elle empiétera sur les droits du public.

Elle condamne le sujet du *Cid* au nom de la morale. Elle appelle Chimène *une fille trop dénaturée, au moins scandaleuse si elle n'est dépravée*. La vérité même de l'aventure ne justifie pas le poëte; car *il en est de certaines vérités comme de ces crimes énormes dont les juges font brûler le procès avec les criminels*[1]. Cela veut-il dire qu'il aurait fallu brûler le contrat de mariage avec les contractants, ou n'est-ce que de la phraséologie? La Harpe répond *qu'une fille dénaturée ne serait pas supportée au théâtre, bien loin d'y produire l'effet qu'y produit Chimène; ce sont là de ces fautes qu'on ne pardonne jamais, parce qu'elles sont jugées par le cœur*. Il y a sans doute des fautes qu'on fait plus que pardonner au théâtre, mais ce sont des fautes brillantes, qui ont leur source dans de nobles sentiments, témoin le premier coup d'épée de Rodrigue, que l'Académie n'a pas condamné.

Elle fait scène par scène la revue de la pièce, et ne rencontre guère d'incident, qu'elle ne traite d'invraisemblable. Au bout de cette interminable série d'invraisemblances dramatiques placez ce vers de Boileau :

L'esprit n'est point ému de ce qu'il ne croit pas,

et vous vous trouverez pressé entre des invraisemblances que vous ne pourrez pas toutes nier, le prin-

---

[1] Page 15.

cipe de Boileau, et l'expérience qui atteste l'émotion publique.

Il fallait distinguer deux invraisemblables : l'un qui éclate aux yeux des spectateurs et exclut l'intérêt, l'autre que la raison, l'envie ou la subtilité découvrent dans le cabinet, où elles font l'*anatomie* de la pièce. La première sorte devait être jugée par le public ; l'Académie pouvait abandonner l'autre aux recherches de Scudéri.

Assurément l'Académie pouvait, ses statuts à la main, évoquer le jugement du langage et de la versification. On m'accordera toutefois que le public pouvait être juge au moins de la clarté du style. Si le public vous dit : *Cela est clair ; car je le comprends et je l'explique ;* que lui répondrez-vous ? qu'il est stupide ? plus il sera stupide, plus son raisonnement sera fort.

L'Académie a vu de l'obscurité dans ces vers :

> .... Ce fer, que mon bras ne peut plus soutenir,
> Je le remets au tien pour venger et punir.
>
> (Acte i, sc. 6.)

> Va, je ne te hais point. — Tu le dois. — Je ne puis.
>
> (Acte iii, sc. 4.)

Il me semble qu'il faut avoir l'œil bien fin pour voir là des ténèbres, et je ne sais par quelle bizarrerie la subtilité se plaît à se montrer moins intelligente, en fait de style, que le bon sens.

Buffon a dit que *les écrivains qui ne savent que tracer des mots n'ont pas de style ; que le style doit graver des pensées.* Sur ce principe il faut sentir plutôt que juger si le style effleure l'âme, ou s'il y grave.

L'Académie a condamné les vers suivants :

> .... Cette ardeur que dans les yeux je porte,
> Sais-tu que c'est son sang ?
>> (Acte ii, sc. 2.)

> L'amour n'est qu'un plaisir, et l'honneur un devoir.
>> (Acte iii, sc. 6.)

> Va combattre don Sanche, et déjà désespère.
>> (Acte v, sc. .)

> Nous laissent pour adieux des cris épouvantables.
>> (Acte iv, sc. 3.)

À ces expressions fortes, à ces tours rapides substituez les phrases plus correctes ou plus complètes que propose l'Académie, et allez voir au théâtre si l'effet sera le même, si *la signification des mots*, selon l'expression de Montaigne, *s'enfoncera aussi profondément.*

Je suis persuadé que, pour rendre le *Cid* insipide au public, il aurait suffi de substituer la faiblesse, l'emphase, la langueur à la force, à la simplicité, à la vivacité.

La Harpe a vu dans le jugement de l'Académie sur les vers du *Cid, une application trop rigoureuse de la grammaire à la poésie.* Il a dit du jugement sur l'ensemble : *L'exemple de l'Académie nous prouve combien l'esprit peut s'égarer, en jugeant les effets du théâtre par des principes généraux et abstraits.* En un mot, l'Académie a eu le tort de prétendre assujettir à la raison, aux règles, à la grammaire, ce qu'il y a de plus indépendant au monde, les passions, l'imagination, le génie.

Mais comment les principes généraux peuvent-ils égarer l'esprit ?

N'entendez-vous pas les politiques dire tous les jours que les principes n'ont besoin que d'une déduction rigoureuse pour conduire à la destruction ? Pour moi, je poserais en politique ce principe seulement : *Le bien de la société est la loi souveraine ;* et je défierais la logique de me conduire à l'anarchie.

On a trop multiplié les principes en politique ; en littérature c'est pis encore. Les conseils les plus simples sont devenus *de grandes et souveraines maximes,* dont la plus légère inobservation a ruiné tout le mérite d'un poëme.

De toutes ces maximes, la moins contestable est celle qui prescrit l'unité d'intérêt. Elle est fondée sur un axiome : *Diviser, c'est affaiblir.* Irez-vous en conclure qu'Hermione et Andromaque, se partageant notre intérêt, ne nous intéressent beaucoup ni l'une ni l'autre ? Votre cœur démentira votre logique. Quel a été le secret de Racine ? Il a fait Hermione si terrible et si passionnée, qu'elle n'a qu'à paraître pour attirer à elle tout l'intérêt ; il a fait Andromaque si touchante, qu'elle n'a qu'à paraître pour faire oublier Hermione. Il vous a donné deux créations au lieu d'une contre les prescriptions de la règle. Il a fait comme un général qui, sûr de ses troupes, les partagerait pour remporter deux victoires.

Montesquieu voulait dans les religions *beaucoup*

de conseils et peu de préceptes. Les religions ne dé-
pendent pas de nous; mais les arts nous sont soumis.
Laissons-leur tous leurs conseils, mais ne leur im-
posons que deux lois : Être *vrai* et *agréable*. C'est
assez pour saisir tout l'homme.

Ces deux lois ont déjà fixé la compétence. Les
hommes éclairés seront juges de la vérité : il faut
pour cela du savoir et de l'intelligence.

Le public jugera l'agrément, c'est-à-dire qu'il
s'abandonnera au poëte, *se laissera prendre aux
choses* dans une sorte de *far niente*, et puis recueil-
lera ses souvenirs pour dire ce qu'il aura éprouvé
d'illusion, senti d'émotion, entendu d'harmonie;
il ne faut pour cela que des oreilles, un cœur, et
cette imagination qui saisit les images qu'on lui
présente.

De même le public sentira le charme d'une belle
musique. La vérité de cet art, le rapport entre la
musique et les paroles ou la situation, sera jugé
par les hommes éclairés. Tout le monde sentira l'effet d'une statue ou d'un tableau; le public éclairé
jugera la vérité de l'expression, et les hommes de
l'art prononceront sur l'exactitude de l'imitation.
L'entraînement de l'éloquence est universel; le public éclairé juge si l'émotion de l'orateur est réelle,
ou si elle est du moins ce qui peut suffire à la vérité de l'art, l'image fidèle de l'émotion véritable;
quant à la vérité du raisonnement, la loi nomme les
hommes qui doivent la juger dans l'éloquence de
la tribune et du barreau.

En un mot, dans tous les arts, aux hommes éclairés le jugement de la vérité ; à tous les hommes le
sentiment du délectable. Et gardez-vous de changer
les rôles ; l'incompétence du juge, en matière de
goût, a été la source de tous les mauvais jugements.

Le peuple ne peut pas juger la vérité des mœurs,
des caractères, du style ; et il juge imparfaitement
la vérité des passions, quoiqu'il les porte dans son
cœur.

A leur tour, les savants ne sentent pas bien. On
dirait que l'étude a émoussé leur sensibilité. La première fois que Bernardin de Saint-Pierre lut *Paul et
Virginie* dans un salon de Paris, pendant que les
dames fondaient en larmes, Thomas dormait, et
Buffon demandait ses chevaux.

Que d'erreurs générales on va m'opposer ! *Athalie*
dédaignée, le *Médecin malgré lui* plus populaire
que le *Misanthrope !* ces exemples confirmeront ma
théorie.

La comédie qui fait le plus rire est la meilleure
de toutes pour le peuple, qui juge par les entrailles.
Le public éclairé préfère le *Misanthrope,* où les caractères les plus vrais sont groupés avec tant d'art ;
où Célimène avec sa coquetterie, Arsinoé avec sa
pruderie, Philinte avec sa bonhomie, deux mar-
quis avec leur fatuité, un poëte avec sa susceptibi-
lité, contrastent entre eux et avec le misanthrope,
et allument tour à tour la bile d'Alceste, qui exhale
dans toute leur variété ses haines vigoureuses contre
le genre humain.

On a dit qu'*Andromaque* n'aurait pas pu être dédaignée comme le fut *Athalie;* on a dit une vérité.

Andromaque avec cet Oreste, instrument et victime d'Hermione et de la fatalité; avec cette Hermione, qui passe en quelques heures par toutes les humiliations, toutes les joies, toutes les inquiétudes, toutes les fureurs de l'amour; enfin avec cette veuve d'Hector, si fidèle et si malheureuse, *Andromaque* a toujours été sûre de triompher au théâtre.

Britannicus, dont le mérite principal est dans la force et la vérité des caractères où deux génies ont mis leur empreinte, *est la pièce des connaisseurs* [1]; ou plutôt ils préfèrent encore cette *Athalie,* où Jérusalem vit tout entière avec la pompe de ses cérémonies, la splendeur de son langage, l'enthousiasme de ses prêtres, l'inspiration de ses prophètes, les merveilles des anciens jours, et les promesses que les temps à venir accompliront.

Sur ces principes quelle était la tâche de l'Académie? Je tenterai quelque chose de hardi. Voici une esquisse du travail qu'elle aurait pu faire, dans mon opinion :

« En intervenant *dans une dispute devenue illustre par tant de circonstances,* l'Académie n'a prétendu ni condamner les acclamations publiques, ni dé-

---

[1] RACINE, Préface de *Britannicus;* LA HARPE, *Cours de Littérature.*
Britannicus ne réussit pas; on n'avait pas encore d'idée d'une tragédie aussi simple, aussi *naturelle,* aussi *vraie.* On n'avait point encore vu un accord aussi parfait du *bon sens* et de *la raison* avec les fictions théâtrales. (GEOFFROY.)

pouiller l'auteur du *Cid* de la gloire dont l'environnent les éloges de toute une nation; mais elle n'a pas cru qu'un corps littéraire ne fût institué que pour ratifier le jugement de la multitude; elle s'est persuadée, au contraire, que si le public a ses droits qu'il faut reconnaître, l'Académie a les siens qu'elle doit établir et défendre.

« Cicéron, si grand partisan des suffrages populaires, dit à Brutus : « Parle pour moi et pour le « peuple, le peuple sentira que tu es éloquent, et « moi je saurai pourquoi tu l'auras été [1]. » De même le peuple a senti que Corneille est un grand poëte; l'Académie pourra dire en quoi il l'a été.

« L'heureux choix du sujet, les mœurs de la chevalerie, l'élévation des caractères, la véhémence des passions, l'éclat et la vivacité du style ont reçu les applaudissements des spectateurs. L'Académie recherchera si la vérité s'est jointe à l'éclat dans la physionomie de l'époque, les mœurs, les caractères, les passions et la couleur du style.

« L'Académie abandonnera au jugement du public toutes les qualités par lesquelles le style saisit l'âme ou charme l'imagination; elle veut même que le public soit juge de l'harmonie; c'est au poëte et à l'orateur à la régler sur l'oreille plus ou moins délicate des auditeurs. On reconnaîtrait à l'harmonie seulement qu'Isocrate a parlé dans une école, et Démosthène sur la place publique.

---

[1] Cic., *Brut.*, ch. L.

« L'Académie sera plus compétente que le public
pour juger la noblesse du style et la correction.

« Le public voit les scènes passer les unes après
les autres, et jouit de l'émotion que chacune lui
envoie en passant. L'Académie jugera l'effet de
l'ensemble.

« Lors même que le délectable serait l'unique
fin de la poésie, l'Académie aurait encore une
tâche à remplir.

« S'il y a des beautés fortes qui saisissent tous les
esprits; s'il y a des beautés aimables qui font naître
le sourire sur toutes les lèvres, il y a aussi des
beautés fines et délicates qu'on ne saisit qu'avec
des organes exquis.

« L'indécence a des grossièretés qui révoltent
les sens de tout le monde. La bienséance a des
délicatesses qu'on ne saisit qu'à l'aide d'un tact
cultivé.

« Quelques parties faibles ou négligées dispa-
raissent aisément pour le public devant les charmes
éclatants de l'ouvrage. L'Académie doit signaler les
faiblesses et les négligences dans l'intérêt de l'art
et du public.

« Après que le critique a jugé l'ouvrage, sa tâche
n'est pas accomplie; il faut encore apprécier le de-
gré de génie que l'ouvrage révèle.

« Le public goûte les beautés de l'ouvrage, sans
s'informer s'il a sous les yeux une œuvre originale,
ou la copie d'un modèle. L'Académie examinera
ce que l'auteur du *Cid* doit à son génie, ce que

l'histoire, les romances du *Cid*, et Guillen de Castro lui ont fourni.

« Le public ne tient pas compte au poëte des écueils qu'il a évités, des difficultés qu'il a surmontées. L'Académie les indiquera.

« Le public, satisfait des richesses que le poëte met sous ses yeux, ne s'informe pas si des métaux plus précieux sont restés dans la mine. L'Académie pourra indiquer les veines qui n'auraient pas été explorées.

« Enfin, une étude comparée des ouvrages est nécessaire pour assigner à chacun la place qu'il a méritée.

« L'Académie abandonne au public tout ce qui peut et doit être senti, plutôt que jugé par les sens, le cœur, l'imagination. Elle réserve pour elle ce qui doit être apprécié par l'intelligence, le goût cultivé et le savoir.

« Elle s'occupera surtout de la vérité, de ce qu'elle doit être dans la tragédie, de ce qu'elle est dans le *Cid*.

« Durant la jeunesse du Cid, la Castille en guerre avec l'Aragon, et menacée de tous côtés par les rois maures qui régnaient dans les fortes cités de Coïmbre, de Tolède, de Séville, de Cordoue et de Grenade, était une sorte de camp plutôt qu'un royaume. Pourquoi le poëte français en a-t-il étendu les limites jusqu'à lui donner pour capitale Séville au lieu de Burgos? Dira-t-il « qu'il a été obligé à « cette falsification pour former quelque vraisem-

« blanee à la descente des Maures, dont l'armée ne
« pouvait venir si vite par terre que par eau [1]. »
Mais si

> C'est la seule raison, qui l'a fait dans Séville
> Placer depuis dix ans le trône de Castille,
>
> (Acte ii, sc. 7.)

nous répondrons que les Maures n'en étaient pas
encore réduits à n'attaquer les villes des rois chrétiens que furtivement et de nuit. Dire à Fer-
nand

> *Qu'*ils ont perdu le cœur
> De se plus hasarder contre un si grand vainqueur:
>
> (Acte ii, sc. 7.)

c'est mentir à l'histoire plus que ne le devait faire
même un courtisan.

« D'ailleurs fallait-il, malgré l'exemple de Ma-
riana, donner le nom de *courtisans* [2] à des guerriers plus accoutumés à faire trembler leur roi qu'à
le flatter, et qui habitaient le palais moins que les
camps?

« Don Diègue ne trouve pas de plus bel éloge,
pour les exploits du comte de Gormas, que ces
paroles :

> Vous servez bien le roi.
>
> (Acte i, sc. 6.)

On peut douter que se battre pour la Castille et
pour la foi, dans *les batailles que donnaient Jésus-*

---

[1] CORNEILLE, *Examen du Cid*.

[2] Et ce choix sert de preuve à tous les courtisans.
> (Acte i, sc. 6.)

Christ, fils du Père, et l'imposteur Mahomet[1], s'appelât *servir bien le roi,* dans la langue de cette époque d'indépendance et de foi. L'Académie regrette que le poëte n'ait pas porté plus franchement sur la scène la physionomie originale et pittoresque de ces temps où luttaient en Espagne l'Orient et l'Occident, le croissant et la croix.

« Mais si un tableau infidèle d'une époque est toujours une faute grave[2], le poëte est libre cependant de modifier les faits selon les besoins du poëme.

« Le mariage de Chimène et de Rodrigue, tel qu'il est raconté dans les romances espagnoles, ne pouvait pas être présenté sur le théâtre. Chimène va elle-même demander au roi la main de Rodrigue, et elle ne dissimule pas le sentiment qui lui inspire cette demande. « Je suis sûre, dit-elle, que son bien « fera toujours des progrès, qu'un jour il sera plus « riche qu'aucun parmi vos sujets[3]; » et Rodrigue se donne à Chimène seulement pour réparer la perte qu'il lui a causée. « J'ai tué un homme, lui « dit-il, et je donne un homme :

« Maté hombre; y hombre doy[4]. »

« Le poëte espagnol et le poëte français ont donné à Chimène et à Rodrigue le seul sentiment qui pût

---

[1] Ximenes aux troupes devant Oran, dans Fléchier.

[2]   Dans un roman frivole aisément tout s'excuse....
    Mais la scène demande une exacte raison.
                    (BOILEAU, *Art poétique*, chant III.)

La scène peut donc se soumettre aux lois que le roman s'est imposées.
[3] *Historia del Cid,* romance X.
[4] *Ibid.*, romance XI.

justifier leur mariage et le rendre digne de la poésie. Tel est le droit du poëte. Demander à la poésie l'exacte vérité de l'histoire, ce serait lui enlever ses charmes avec sa liberté. On n'exige d'elle que la vraisemblance, vérité de la fable et de la fiction.

« L'émotion publique nous est un sûr garant qu'il n'y a pas dans le *Cid* de ces invraisemblances qui frappent les yeux du spectateur. Si la réflexion peut y en découvrir quelquefois de celles qui se découvrent à ceux qui les cherchent, tantôt l'art du poëte, tantôt le trouble et l'émotion les ont dérobées au public.

« Il y a même une invraisemblance sur laquelle le poëte appelle lui-même l'attention des esprits :

> Sortir d'une bataille et combattre à l'instant !
>
> (Acte IV, sc. 5.

s'écrie le roi. Don Diègue répond :

> Rodrigue a pris haleine en vous la racontant.
>
> (Acte IV, sc. 5.)

et l'invraisemblance disparaît devant ce trait sublime

« Un chevalier qui balance un instant entre l'amour et l'honneur, sacrifie l'amour au devoir, tue, pour venger son père, le père de sa maîtresse, vient aussitôt présenter sa tête à l'orpheline, et sort enfin vainqueur d'un combat dont elle est le prix ; c'était assez sans doute pour intéresser, émouvoir, ravir les spectateurs : ils ont applaudi la vérité même des mœurs de la chevalerie.

« Si le poëte a quelquefois altéré la vérité, on lui doit des éloges pour n'avoir présenté sur la scène qu'une image adoucie des mœurs d'une époque barbare. Dans les Romances, don Diègue serre avec force dans ses mains les mains de Rodrigue, afin d'éprouver son cœur. Le jeune homme lui dit que s'il n'était pas son père, il lui arracherait les entrailles avec ses doigts, en guise de poignard ou de dague[1].

« Le public a entendu avec enthousiasme la scène noble et vive que le poëte français a substituée à une scène énergique et barbare.

« La fierté castillane est le caractère dominant de tous les guerriers de la pièce. Le poëte l'a heureusement nuancée selon les âges. Elle a de l'éclat et de l'impatience dans le jeune Rodrigue :

> Je suis jeune, il est vrai; mais aux âmes bien nées
> La valeur n'attend pas le nombre des années.
>
> (Acte ii, sc. 2.)

Elle est orgueilleuse et emphatique dans le comte :

> Grenade et l'Aragon tremblent quand ce fer brille;
> Mon bras sert de rempart à toute la Castille.
>
> (Acte i, sc. 6.)

Elle ne se soutient plus que par des souvenirs dans le vieux don Diègue :

> Vous êtes aujourd'hui ce qu'autrefois je fus.
>
> (Acte i, sc. 6.)

[1]
> Antes con la mano mesma
> Vos sacaria las entrañas,
> Haciendo lugar el dedo
> En vez de puñal ó daga.
>
> (*Tesoro de los romanceros*, p. 129.)

« Sans doute les modèles de ces caractères sont
dans la tragédie espagnole ; mais le poëte français
mérite nos éloges pour avoir évité un écueil dangereux en n'imitant pas le poëte espagnol, qui a exa-
géré la fierté castillane avec toute l'emphase de la
littérature espagnole. L'observateur, au contraire, a
reproché à Corneille d'avoir donné à ses personnages
la fierté de leur nation : *partout*, dit-il, *il se trouve
d'honnêtes gens*. Le savant interprète d'Aristote et
d'Horace n'ignore pas que la poésie doit nous peindre
les mœurs générales, et négliger les mœurs excep-
tionnelles qui, au lieu de nous instruire, nous in-
duiraient en erreur [1].

« La plus grande gloire de Corneille, celui de ses
titres qui justifie le plus l'enthousiasme dont il a
été l'objet, c'est sans nul doute d'avoir porté sur la
scène les combats et les orages des passions, beauté
devant laquelle toutes les autres sont des beautés
sans vie.

« Le secret du poëte, pour rencontrer l'expression la plus vraie et la plus naturelle de la passion,
c'est de s'identifier avec le personnage qu'il fait par-

---

[1] La Harpe n'a-t-il pas raisonné sur Orosmane à peu près comme Scudéri
sur le comte de Gormas ? « Le caractère de Saladin est si connu, dit-il, qu'il
serait trop absurde de prétendre qu'Orosmane n'a pu lui ressembler. » Voltaire
a dû vouloir et a voulu « faire contraster les mœurs des chrétiens et celles des
« mahométans » (*Lettre à M. de Laroque*) ; et Orosmane n'est, comme Saladin,
qu'une exception dans les mœurs musulmanes. Il résulte de là que, jusqu'à la
fin du troisième acte, où Orosmane devient musulman par la jalousie, on se
demande, comme Zaïre :

S'il était né chrétien, que serait-il de plus ?
Acte IV, sc. I.

ler. Plus le poëte se sera confondu avec le personnage, et plus il y aura de vérité dans le langage des passions. Il ne faut donc pas s'étonner si Corneille, qui dessine avec tant de vigueur et de vérité les caractères de don Diègue et de Rodrigue, ne trouve pas toujours des traits aussi heureux pour exprimer la passion de Chimène. Ce n'est pas que le plus souvent les plaintes ne s'échappent bien du cœur de cette amante; mais trop souvent le poëte, comme s'il n'avait pas dans son propre cœur une source de sentiments, va puiser dans la pièce espagnole des phrases ampoulées, et quelquefois aussi de beaux traits, qu'il gâte en voulant les embellir. Si le public n'a pas bien jugé sur ce point, il a du moins senti juste [1].

« Il s'attendrit lorsque Chimène, toute à la vengeance de son père et toute à l'amour de Rodrigue, veu

> Le poursuivre, le perdre et mourir après lui.
>
> (Acte III, sc. 3.)

« Mais lorsque cette amante ne fait entendre que des plaintes emphatiques :

> .... La valeur, en cet état réduite
> Me parlait par sa plaie et hâtait ma poursuite [2].
>
> (Acte II, sc. 9.)

---

[1] Le faux est toujours fade, ennuyeux, languissant;
Mais la nature est vraie, et d'abord on la sent.
(BOILEAU.)

[2] Me habló
Por la boca de la herida
Los Mocedades del Cid, jornada segunda.

> Pleurez, pleurez, mes yeux, et fondez-vous en eau ;
> La moitié de ma vie a mis l'autre au tombeau
> Et m'oblige à venger, après ce coup funeste,
> Celle que je n'ai plus sur celle qui me reste [1].
>
> (Acte iii, sc. 3.)

le public ne s'attendrit pas, il se contente d'applaudir. On peut même prédire qu'on cessera ces applaudissements aussitôt que notre littérature aura vu renaître, non pas sans doute la simplicité naïve d'Homère (ces grâces, pareilles à celles du premier âge, meurent pour ne pas renaître), mais seulement l'élégance naturelle des poëtes latins du siècle d'Auguste.

« Le style a aussi sa vérité : elle consiste à dire naturellement ce qu'on a dans l'esprit ; dans la tragédie, à teindre le langage des personnages de la couleur de leurs mœurs, de leurs passions, de leurs caractères, de leur climat, de leur époque, le style n'étant que toutes ces choses produites au dehors par la parole dans la poésie, par les couleurs et le dessin dans la peinture. On comprendra dès lors que le travail de l'Académie est déjà fait sur la vérité du style ; il lui suffira, pour le compléter, de reprendre dans ce vers :

> Avec tous vos lauriers, craignez encore la foudre.
>
> (Acte ii, sc. i.)

[1] Le poète espagnol s'était borné à ces paroles :

> La mitad de mi vida
> Ha muerto la otra mitad.
> Jornada segunda.

une allusion à une croyance qui n'est pas espagnole, une couleur étrangère au sujet[1].

« Il faut maintenant envisager l'ensemble d'un poëme que nous n'avons jusqu'à présent examiné que par parties.

« Bien que l'Espagne soit notre ennemie, nous rendrons justice à son théâtre, si différent du nôtre par les formes ; nous reconnaîtrons que la chevalerie aux courses aventureuses s'est trouvée plus à l'aise dans le libre espace de la scène espagnole.

« Là Rodrigue, qui a déjà fait la veille des armes, est armé chevalier près de l'autel du saint patron de l'Espagne. La reine lui sert de marraine, et la fille du roi lui chausse les éperons d'une main agitée, en le priant de ne pas oublier ce jour. Il sort pour monter un coursier que la reine lui donne, et il emporte avec lui les cœurs de Chimène et de la fille du roi. Aussitôt après le combat singulier, il va présenter sa tête à sa maîtresse qu'il a rendue orpheline, lui fait ses adieux en lui annonçant qu'il va mourir. Il se hâte de recevoir la bénédiction de

---

[1] On a été indulgent pour ce genre de fautes. Dans ces vers de Racine :

> *Pleurante après son char* vous voulez qu'on me voie.
>> (*Andromaque*, acte IV, sc. 5)

> De l'armée *en vos mains* recevoir le serment.
>> (*Britannicus*, acte IV, sc. 2.)

> Respectez votre sang, j'ose vous en prier ;
> Sauvez-moi de l'horreur de l'entendre *crier*.
>> (*Phèdre*, acte IV, sc. 5.)

On pouvait relever une allusion au triomphe chez les Romains, un souvenir de la cérémonie du serment au temps de la féodalité, une figure hébraïque.

son père, et il part aussitôt pour aller combattre les
Maures, afin de conquérir la faveur du roi et la
grâce de sa maîtresse. Dans un jardin délicieux il
rencontre la fille du roi, qui nourrit dans la solitude
une secrète mélancolie. Il l'entretient comme un
chevalier galant et fidèle doit entretenir une prin-
cesse qui l'aime. Cependant un geste d'amour
échappe à la belle affligée : le chevalier incline sa
tête comme pour recevoir la bénédiction de la belle,
sûr garant de la victoire. Mais les montagnes d'Oca
se dessinent sous nos yeux. On entend des cris de
guerre : Allah! Mahomet! saint Jacques! tout cède
à la valeur de Rodrigue; Almanzor se rend à lui,
Almanzor, qui compte quatre rois parmi ses vas-
saux, va lui-même raconter au roi cette victoire,
et le galant chevalier attribue la victoire à la bénédiction de l'infante, qui le bénit une seconde fois.
Mais un paladin n'est pas si vite au terme de ses tra-
vaux; le roi, cédant à la prière de Chimène, le
bannit de sa cour. Il faut qu'il coure par l'Espagne,
éprouvant partout la force de son bras. Sur la route
de la Galice il trouve un lépreux dans une fon-
drière; chrétien charitable autant que valeureux
chevalier, il lui prête le secours de sa main, il par-
tage avec lui son manteau, ses vivres, sa couche;
et ce lépreux, c'est saint Lazare, qui, dépouillant
ses infirmités apparentes, s'envole radieux, et bénit
les armes désormais invincibles du héros. Cependant, à la demande de Chimène, on a publié dans
les cités et dans les villages, dans les champs et sur

la mer, que Chimène donnera sa main ou la moitié de sa fortune à celui qui lui portera la tête du Cid. L'envoyé du roi d'Aragon, don Martin, géant pour la force et pour la taille, provoque Rodrigue à se battre en champ clos pour Chimène et pour Calahorra. On tremble pour les amants et pour la Castille[1]. Des nouvelles affligeantes arrivent de l'Aragon : un chevalier écrit à Chimène qu'il s'est mis en chemin pour venir déposer à ses pieds la tête de Rodrigue; ce chevalier, c'est Rodrigue lui-même, qui revient de l'Aragon, et présente sa tête à Chimène. Quant à celle de don Martin, il l'a laissée là-bas sur la pointe de sa lance. La valeur a enfin désarmé la beauté : Chimène obéit aux ordres du ciel.

« Il faut reconnaître que le héros de l'Espagne, forcé, sur la scène française, d'attendre les Maures dans Séville, lui qui allait les chercher au nord et au midi ; forcé de ne combattre que le premier champion que Chimène a pu trouver dans les vingt-quatre heures, a dû se trouver mal à l'aise dans l'étroit espace des unités. Encore, vainqueur dans trois combats et adoré de deux belles, il a eu trop d'*aventures* pour la scène française.

« Le *Cid* n'a ni l'unité simple et majestueuse de la tragédie grecque, ni la libre variété de la tragédie espagnole. Les défauts de l'ensemble ont tenu au

---

[1] Il aurait fallu que le salut du roi et du royaume eût dépendu du mariage. (L'ACADÉMIE.)

Cette idée me paraît belle ; mais il eût fallu changer toute la construction du poëme. (VOLTAIRE.)

sujet ; les beautés de détail appartiennent au génie
du poète. »

Telle est la marche que l'Académie aurait suivie.
S'il était vrai qu'elle eût pu la conduire à une plus
juste appréciation de la pièce, l'utilité pratique de
la théorie, que j'ai présentée dans le dialogue latin,
aurait reçu la consécration d'un grand exemple.

*Cette thèse sera soutenue le   janvier 1840, par Timothée FABRE,
licencié ès-lettres, agrégé pour les classes supérieures des lettres,
aspirant au grade de docteur.*

VU ET LU,

A Paris, en Sorbonne, le 18 décembre 1839.
Par le Doyen de la Faculté des lettres de Paris.

J.-V. LE CLERC.

PERMIS D'IMPRIMER.

L'Inspecteur général des études,
chargé de l'administration de l'Académie de Paris.

ROUSSELLE.

DE PULCHRITUDINE.

PARISIIS, — EXCUDEBAT C. L. F. PANCKOUCKE.

Via des Poitevins, 14

Quatuor præsertim fuisse de Pulchritudine
sententias.

Naturam pulchritudinis attigisse primus omnium creditur Plato; qui tamen, quum multas ea de re sententias in Hippia majore impugnaverit, argumento est multos jam ante ad illud mentem intendisse.

I. — Summi boni splendorem esse pulchritudinem a diotima sibylla Socrates, teste Marsilio Ficino (*Præf. in Hipp. maj.*), didicerat, et in aure tantum discipulorum deposuerat.

Mysterium sibyllæ Proclus fere prodidit. Nam, postquam collegit ex diversis Platonis locis, tria esse pulchritudinis elementa, *delicatum, amabile, splendidum;* pulchritudinem ideo ait esse splendidam, quod per eam bonum latens effulgeat. Διότι γε μὴν ἐξάγγελλει τὸ τῆς ἀγαπόθητος κρύφιον, λαμπρόν τε καὶ στιλπνὸν καὶ ἐμφανὲς ἐπονομάζεται. (*In Plat. Theolog.*, XXIV.)

Huic Plotinus proximus est; quo judice, bonum

fons est et principium pulchritudinis. Τὸ δ'ἀγαθὸ πηγὴν καὶ ἀρχὴν τοῦ καλοῦ. (*Ennead.* iii, 6.)

Apud Latinos Horatius, suæ vitæ (quippe inter flores et pocula philosophari consueverat) sententiam accommodans, illud in *Arte poetica* :

Omne tulit punctum, qui miscuit utile dulci.

Hinc apud recentes duæ sententiæ, licet jam in Hippia majore defricatæ.

II. — Ad utilitatem pertinet quam *intelligentiam* Marmontelius vocat, neque abnuit ab ea quam convenientiam (τὸ πρέπον), Hippias dixerat. Utraque enim in eo est ut res rei destinatæ sit idonea. Hinc existere pulchritudinem negat apud Platonem Socrates, ait vero apud Xenophontem; ut Aristippo, interroganti an sit pulchra corbis, qua efferuntur stercora, responderit esse bonam, utilem et pulchram, si conveniret (*Mem.* lib. iii); idem vero Hippiam irriserit, quærendo an ficulnea tedecula esset pulchrior aurea, quum magis conveniret. Verum id ego peritorum disputationibus relinquo.

III. — Jucunditate contineri pulchritudinem defendit Wolfius, qui, parum eleganter quidem, ait *definiri posse pulchritudinem, quod sit rei aptitudo producendi in nobis voluptatem. (Psychol. empir. § 545.)* In eamdem sententiam facile recidit Hutchesonis sententia, sextum scilicet esse sensum, quem pulchritudo tractet ac delectet. (*Inquiry of the original of our ideas of beauty.*)

IV. — In dispensatione partium versari pulchritudinem, quanquam Plotinus jam negarat (*Enn.* 1, 6), tamen plerique defenderunt. Sanctus Augustinus, quum *unum Deum, unam fidem, unum baptisma,* tanquam signum inter gentes extulisset, voluit *omnis* etiam *pulchritudinis formam esse unitatem* (*Ep.* XVIII). Hunc pater Andreas secutus est (*Essai sur le beau*). Non unitate contineri, verum ex unitate et varietate existere pulchritudinem multi æstimaverunt; imo plures ordinis virtutes alii numerarunt.

Quum alii in bono, alii in utili, quidam in jucundo, multi vero in dispensatione partium pulchritudinem posuerint, facile colligitur sententias de pulchritudine fuisse præsertim quatuor.

Hæc eorum, qui naturam pulchritudinis, ut ita dicam, intrinsecam studuerunt attrectare. Quum vero rem ita arduam, omni opum vi, omni artium genere, expugnare potuisset nemo, in hoc desperationis ventum est, ut ab istius modi labore plerique absterrerentur [1].

Montesquietus, præclarus sane cogitandi magister, voluit, derelictis demum disputationibus concertationum plenis, ex ipsa hominum natura naturam pulchritudinis extorqueri [2]. Neque aliquid dissimile, opinor, Kantus, Germanorum philosophiæ columen ac splendor, significavit, quum pul-

---

[1] Among so great a variety of objects, to find out some one quality, in wich they all agree, must be a very difficult, if not, more probably, a vain attempt. (BLAIR, *Lect. on Rhet.* v.)

[2] La source du beau est dans nous-mêmes, et en chercher les raisons, c'est chercher les causes des plaisirs de notre âme. (MONTESQUIEU, *Essai sur le goût.*)

chritudinem dixit esse *subjectivam*. (*Critic. facult. judic.*)

Horum sententiæ accommodatam sententiam proponere sustinebo, postquam de ceterorum quatuor opinionibus aliquid attigero, ut mihi quidem ipsa confutandi facilitas non afferat aliquid.

PULCHRITUDINE

DIALOGUS.

Q. Horatium, ut mos, rusticantem C. Mæcenas inviserat. Aderat Callisthenes, rhetor, ut pauci Græcorum, callidus et lubricus. Dum sermones varios intersererent, per *vallem opacam* et *paulum silvæ* ambulando, ventum est forte ad statuam Platonis lapideam. Quam vix suspiciens Mæcenas stomachari lapideum stare virum, qui auream quamdam pulchritudinem in suis operibus expressisset. « Imo, inquit Callisthenes, ita pulchritudo quæ sit perpexit, ut ne nunc quidem melius, quum ab hujus corporis cæcitate ac deformitate discesserit. » Tum Horatius, ridendo comiter, ut solebat : « Scilicet vos, inquit, in eam sententiam inclinatis, quam Plato sale attico defricuit? Nihil nimirum esse pulchrum, nisi quod vel auratum vel aureum [1]. Ego Platonem, quum ita me ipse edocuerit, non solum pro tempore, verum etiam pro sententia lapideum posui, nec dicam ei, quod Thyrsis Priapo :

Si fetura gregem suppleverit, aureus esto. »

I. — Quid plura? consederunt ad statuam de pulchritudine disputare parati. Hic primus Cal-

[1] Plato, *Hipp.* maj.

listhenes : « Memini, inquit, Hippiam inter alia
multa et illud statuere, pulchritudinis laudem om-
nem convenientia contineri. Quod jam revictum
natura rei, ita refellit Socrates, ut idem tueri au-
surum neminem putem. — Adsum qui id defen-
dere non verear, » inquit Horatius. Tum ille :
« Quid suscipias humeris versa prius, Horati, ut
tu nos edoces; ne forte idem, quod ab Hippia,
quærat a te Socrates : « Utra scilicet pulchrior te-
« decula sit, ficulneane an aurea, quum hac sit illa
« multo aptior.... » — « Socrati ita interroganti,
inquit ille, respondere non suscipiam. Ego enim,
quam Hippias dicit convenientiam, in congruentia
partium versari putaram[1]. » Ille vero : « Fac esse,
si quid habes, quo istud tuearis. » Tum Horatius,
seu memor, seu afflante præsenti deo :

> Æmilium circa ludum faber imus et ungues
> Exprimet, et molles imitabitur ære capillos;
> Infelix operis summa, quia ponere totum
> Nesciet! hunc ego me, si quid componere curem,
> Non magis esse velim, quam pravo vivere naso,
> Spectandum nigris oculis, nigroque capillo[2].

Exemplum, quo tuum vincam, inquit ille, Hippias suppeditabit; et quo minus iniquo Marte de-
certem tecum, ipse verbis utar metricis :

> Formarum specie memini me nosse puellam
> Insignem : toti concordia mira tenori;
> Brachia, crura, sinum radio descripta putares,
> Formosumque caput tereti cervice movetur.

---

[1] In eumdem errorem non nemo incidit.
[2] HORATIUS, *Artis poeticæ* v. 32 et sqq.

Nec Venus ore tamen nitidos afflavit honores :
Cæsaries hirsuta rubet, frons atra minatur;
Et radiant oculi suffecti sanguine. Virgo
Me teneat cupiam, si quando accendar amore,
Nec formosa quidem tantum, si sparsa venustas ;
Si frons virgineo niteat suffusa rubore
Latior; aut mollem si spiret ocellus amorem
Parvus, et obliquis supererret gratia labris [1].

Tum Horatius : « A natura te ad artes deducam, inquit. Facetus quidam homo urbem circumibat, lapidem dorso gerens. Interrogatus cur id faceret, respondit hunc lapidem esse specimen domus, quam venalem haberet. Quid rides? Hæc fabula, mutato tantum nomine, ad te pertinet. Nam totum posse parte aliqua, tanquam specimine, æstimari putarat ille, et tu existimas. » Tum Callisthenes : « Efficiam, inquit, ut de te quoque tua narrata sit fabula. Virgilium enim non totam *Æneidem,* sed partem modo duodecimam legentem quid est cur tanta assensione exceperis, si tota stet virtus in summa operis? Neque ego totum specimine æstimari posse non tueor. Etenim si forte eruatur formosæ statuæ vel caput, vel tantum pes, tota statim statua valde desideratur; et una tantum linea præsens et auctor Apelles notus fuit, si famæ fides. — Nec plura, inquit Horatius; hac enim rerum universitate quid ordinatius? Quæ tamen, nisi sol

---

[1] Sanctus Augustinus ait illud (*Lib. de vera relig.,* § 76) : *Quod horremus in parte, si cum toto consideremus, placet.* Idem tamen hæc (*Epist.* III) parum cautus effudit : *Quid est corporis pulchritudo ? congruentia partium cum quadam coloris suavitate.*

splendidus, fulgidæ stellæ, varia luna, non tantam admirationem moveret [1]. »

II. — Tum Mæcenas, quem jam lacessitæ disputationis, opinor, pœnitebat : « Ne deferamur, inquit, in istas oras disputationis, quum facile in eo portu consistere possimus, quem nobis Hippias aperuit, id pulchrum statuendo quo delectantur vel aures vel oculi? » Hic Callisthenes : « Quin igitur, inquit, animum his adjecisti, quem præsertim poesis et oratio tractare solent?—Tu vero, quartum reperi, si possis, inquit, fontem voluptatis, amabo te. — Mentem igitur adjiciam, inquit ille, qua multas species pulchritudinis, sensibus non obvias, percipimus. » Tum Mæcenas : « Jam igitur demum, inquit, finem habeat disputatio, quum in hæc quatuor demum consenserimus. » Callisthenes vero : « Quam vereor, inquit, ne aliud, quam quod susceperamus, disputaverimus! Naturam enim pulchritudinis sequebamur; id vero assecuti sumus pulchritudinem esse creatricem quamdam et parentem voluptatis. Hæc inter quantum interest! quantum hæc natura disjuncta, et, ni fallor, ipso tempore! Prius enim quam teneret oculos spectantium Jupiter Olympius, jam menti Phidiæ insederat; jam imo prius erat species illa pulchritudinis, quam menti insideret vel Phidiæ vel Homeri. Non igitur pulchritudinis natura est delectatio, verum effectus quidam et signum pulchritudinis. »

[1] Δεῖ, εἴπερ ὅλον, καὶ τὰ μέρη καλὰ εἶναι· οὐ γὰρ δεῖ ἐξ αἰσχρῶν, ἀλλὰ πάντα κατειληφέναι τὸ κάλλος. (PLOTINUS, Ennead. i. 6.)

III. — Tum Mæcenas : « Non me fallebat, inquit, quum voluptatis suscepi patrocinium, decerptam ex epicureis umbraculis opinionem aspernandam discipulo Platonis ac respuendam fore. Tu vero da demum quid ex illo Platonis gymnasio reportaveris. Etenim quum philosophos omnes, si a Platone et ab hujus familia dissideant, plebeios vos appelletis[1], patricia quadam superbia, mihi cura inest non mediocris audiendi demum quid, Platone judice, pulchrum sit æstimandum. — Bonum, » inquit ille. « Illa vox quid sibi velit, inquit, raro philosophantem me vos docete. — Utilitatem scilicet, » inquit Horatius. « Honestatem enim vero, » inquit Callisthenes.

Tum Horatius fateri quidem suam esse laudem honestati; tueri tamen esse pulchra quædam et in natura et in artibus, quæ nec honesta, nec inhonesta essent; imo et inhonestati, arte quadam conditæ, suas esse quidem illecebras, quæ a pulchritudine non abhorrerent multum. Nec mirari se Platonem, quum ita sensisset, vetuisse ne poetis, pulchritudinis suavissimæ, judicio omnium, parentibus, locus ullus in sua republica foret. Valere quidem judicium Platonis; valere tamen judicium omnium. — Objectare invicem Callisthenes multa, judicio hominum, haberi pulchra, quibus ne uterentur quidem, nec non quæ nocerent; et ex pulchritudine

---

[1] Licet concurrant plebeii omnes; sic enim ii, qui a Platone, a Socrate et ab ea familia dissident, appellandi videntur (Cic., Tusc. quæst. lib. 1, c. 23.)

feminea hominum cladem esse derivatam vulgatum esse apud gentes. Quanquam pulchritudinem, si utilitas accederet, evadere pulchriorem. Quum ita diu inter hos disputatum fuisset, demum Mæcenas : « Utrumque ego non cavillationibus confutabo, sed, si libeat, fabellis modo duabus. A te principium, si malis, Callisthenes :

Fecerat Protogenes Veneres duas, quarum altera erat nuda, altera vero vestita, ut honestas hortabatur. Coï, quibus permissum fuit educere quam mallent, Venerem vestitam elegerunt, et laudantur quod honestiorem pulchriori præposuerint. Nunc audi fabulam, Horati, tuam : Quum decertarent de laude poetica Homerus et Hesiodus, hic exili modo, nec tamen ut abesset gratia, religionem cecinit et artes, quarum usus indiget. Ille autem, grandior et spiritu magnificentior, majestatem illam, gratia suffusam, jucundam numeris, motibus incitatam protulit, bellicum canens. Fine jam facto, quum multitudo hæreret incerta uter vicisset, litem ambiguam senes dijudicarunt in hunc prope modum : « Tu quidem, Homere, pulchrioribus valde ac majoribus sonis lyram quatis; ille modo utitur utiliore. » O subtili ingenio viros, qui res, ut natura rerum, ita prudentium et gentium judicio distinctas, permiscueritis! — Assenserunt ridendo et blande congratulando. Deinde tamen Horatius : « Quid aliud artes, inquit, quam student docere et delectare? Porro expertia frugis poemata aspernantur austeri senes; austera vero Rhamnes prætereunt.

Omnes tenebit, si quis utile jucundo misceat, et idem opus plane pulchrum perficiet. » Tum Callisthenes : « Pharmacopolarum arte uteris, Horati, duo secum pharmaca miscentium, ut pharmacum confletur ab utroque diversum. Quum enim pulchritudo ab utilitate aliena sit, nec jucunditate contineatur, ex ambabus pulchritudinem conflaturum te putas! »

Exceptum risu responsum fuit; et quum jam nemo, ne forte irrideretur, ne cogitare quidem quidquam auderet, in ambulationem reditum est. Nec diu quies fuit; nam, duobus spatiis tribusve factis, magna supplosione pedis otium Callisthenes obturbavit, et magnum *inveni* exclamavit. Iterum igitur, quanquam Mæcenas repugnabat, nisi ille breviter se dicturum polliceretur, consederunt. Hic Callisthenes :

IV. — « Valde illud me commovit, inquit, quod Hippiæ Socrates ait; simiarum nimirum formosissimam futuram deformem, si cum alio animalium genere comparetur; quod idem deforme invicem, si cum muliere conferatur; mulierem demum pulcherrimam, si Juno adstiterit aut Venus, pace dicam mulierum, evasuram turpem. Verum sua quemque voluptas trahit, sua quemque in alio natura delectat, simium simia, leæna leonem, virum femina. Quisque eo tantum delectatur quo quemque delectari et gaudere dii voluerunt, ut ne Venus quidem ipsa, si forte in terris, non forma humana induta precario, sed qualis est, appareret, non multum, opinor, placeret nobis. Et Jupiter Olympius, si quando statuam suam, opus Phidiæ, ab Olympo despicit, avertit caput, opinor, et ridet secum quam nos pleno ore appellamus majestatem divinam.

« Nos fugit igitur illa æternæ atque immutabilis pulchritudinis divinitas, et quam metuo ne, quacumque arte persequamur, semper fugiat! »

Tum ridens Mæcenas : « Scilicet hoc illud erat, quod tantum inveneras? » inquit. « Imo vero, inquit ille, præclarum aliquid, et dignum quod teneat aures virorum peritissimorum, si modo eam tantum pulchritudinem, quam pariunt artes, attrectari velitis. » Tum Horatius : « Perge modo, inquit : neque enim parvi ponderis est, discerptum licet ac divulsum, quod suscipis. » Tum Callisthenes :

V. — « Quum artes a natura profectæ sint ut naturam hominum caperent, sequitur artium naturam ab hominum natura esse extundendam.

« Quot vero sunt in homine! Duas inesse animas censuit Pythagoras; mentem vero et animum cetera turba philosophorum. Nihil igitur plane pulchrum dixero nisi quod, menti fidem faciendo, et animum delectando, totum hominem corripuerit ac tenuerit. » Tum Horatius : « Vide, inquit, ne tuis te pungas acuminibus; hoc enim an aberrat multum ab eo, quod dicentem me nuper deridebas? »

Tum ille : « Naturam pulchritudinis, inquit, ne attigi quidem : gratare tamen, Horati, mihi, nedum timeas. Nam quærebam quomodo nos artes tractarent : inveni tractari mentem, fidem faciendo, ani-

mum, delectando. Quærebam signa, quibus pulchrum dignosceretur : inveni mentis assentationem
et animi delectationem; signa, ni fallor, ita certa
ut vix jam concertatio esse possit, si modo judices
adhibeantur ii, ad quos res quæque pertinet.

« Ego hos judices statuam; de iis, quæ mentem
tractant, intelligentes tantum, de iis, quæ animum,
omnes judicent. Talia igitur sint omnia, ut intelligentium probentur mentibus, animos delectent
omnium[1]! »

VI. — Tum Mæcenas : « Quum hæc jam hac luce
clariora sint, illud demum aggredere, quænam
virtutes pulchritudinis. Ad illum summum intende
viam. — Adsum, inquit; et breviter proponam :
quot in homine tot in pulchritudine. Mentem assen-
tiri veritatis est, animum oblectari suavitatis;
utrumque pulchritudinis.

VII. — « Neque exspectari a me puto ut moneam
naturam esse exemplar, quod artes adumbrent,
effingant, imitentur. Intra hanc naturæ imitationem
artium veritas est.

« Naturam quamdam exteriorem et tanquam iner-
tem adumbrat pictura, effingit statuaria. Naturam
interiorem et actuosam imitantur artes ceteræ;
quam primum in pectore tanquam ingenerant, ut
ipsa deinde efferat quod solet. Exempli lucem ob-
scuræ rei præferam. Helenam ardentem amore et ru-

---

[1] Talia denique omnia ut possint artificum oculos tenere, delectare impe-
ritorum. (Plin., *Epist.* lib. III, ep. 6)

bentem pudore si velit effingere pictor vel statuarius, non tam sibi affectus hos applicabit, quam rogabit mulierem formosam ut stet ardens ac pudibunda. Saltatrix vero aut cantatrix, ejusdem Helenæ personam gerens, si velit vel cantum vel habitum amore ac pudore suffundi et tanquam colorari, intus et in pectore primum afficiatur necesse est.

« Quod saltatoribus et cantoribus concesserit, oratoribus et poetis quis neget ?

« Naturam sponte poeseos creatricem æmulatur ars poetarum. Si narrat vel describit, naturam imitatur amantem, horrentem, sperantem, timentem, ridentem, spernentem vel mirantem aspectu præsentis rei. Si personas in scenam induxerit, affectus, quos natura elicit, efferat; si lyram moveat, vim expromat et spiritus magnificentiam, quibus natura utitur incitata vehementer.

« Naturam sponte eloquentem imitatur ars oratorum. Neque vero eo tantum eloquentia vera est, quod veritate utatur argumentorum (hoc enim magis logices est quam artis oratoriæ); eo etiam vera est, quod totum se fingat orator et conformet ad mores atque habitum viri, si quem natura eloquentem fecerit, primum verecundantis, et moribus suis auditorem benevolum reddentis temere, deinde argumentis rem ingenue narratam confirmantis, tum animis orationem admoventis, ad extremum motibus ac sensibus, natura erumpentibus, totam concionem commoventis. Hæc enim origo fuit eloquentiæ; ita non impellit natura; quam qui non

sequetur, in pompa, si forte, illustris esse poterit;
non vincet in acie.

« Ii vero, inter poetas et oratores, qui naturam
quidem non effingunt imitatione, sed habent in
pectore ingenitam, non adumbratam, natam, non
factam, quanto ceteris feliciores mehercle, et in-
structi melius! hinc enim et poeseos divinitas et
fulmen eloquentiæ.

« Hæc quum de veritate statuerim [1], jam suavitatem adibo.

VIII. — « Una quidem veritas; delectatio vero
quam causis varia! modis quam multiplex! effe-
ctibus quam multifaria! Omnia hæc ne Aristoteles
quidem, αὐτὰ καθ' αὐτά ordinandi magister, annu-
merare posset, opinor, nedum suo quæque loco
constitueret. Suum enim habet ars unaquæque quo
nos delectet, colores pictura, sonos musice, poesis
imagines, affectus nullæ non. Neque una uniuscu-
jusque delectatio est. Eadem enim tum vi, tum
gratia, nunc majestate, sæpius venustate nescio quot
affectibus nos tractat ac movet. Concitant artes,
deterrent, incendunt, leniunt, terrore commovent,
flectunt ad misericordiam, risu exhilarant. Hæc
oculos, illa aures, animos cunctæ occupant. Verum
quantacumque colligatur voluptatum varietas, tamen rivis est diducta pulchritudo, non fontibus;
hæc enim omnia, qualiacumque sunt, suavitatis
sunt.

---

[1] Aristotelem aliter imitationem artium intelligentem facile vicerunt Marmontelius (*Elem. litter.*), et Blarius (*Lect.* v).

« Illa nunc artium suavitas dicere qualis sit, etsi mens reformidat, aggrediar.

« In sensibus voluptuariis licet hoc videre, odoratum unguentis delectari quadam tantum suavitate conditis; in tactu esse modum mollitudinis et lævitatis, in gustatu dulcedinis; neque ulla re nos impelli suaviter nisi nostris accommodata sensibus. Quorum si acies acueretur, nos læderent; si retunderetur, nos præterirent, quæ nos delectare solent instructos, ut solemus.

« Idem porro de sensibus, quos impellit pulchritudo, quis non sentiat? Si quid in oculis immutatum fuerit, et picturam colores suos fore mutaturam; si quid in auribus, etiam in instrumentis ac concentibus musices aliquid mutandum; animos denique et mentes, si instruerentur aliter, aliis rebus delectandos. Quid enim? Varietatis quænam utilitas foret, si fieret homo similis diis, qui a felicitate sua fastidio nullo abalienantur?

« Ego sic existimo : Deos, quum naturam rerum iidem et hominum fecerint, alteram alteri accommodasse; utram utri nescio quidem. Artifices vero, quum naturam rerum imitentur, ut naturam hominum delectent, opera hominibus accommodare certe scio. Quin ita facere peritos opinor ut moveant semper, deturbent nunquam, tractent nec lædant, perfundant nec perfringant. Ita enim nos natura comparavit ut nihil sentire tædium pareret, vehementius commoveri, cruciatum.

« Quidnam igitur suavitas est? Quædam, meo

quidem judicio, apta atque idonea rerum sensibus nostris accommodatio.

« Hoc de partium singularum suavitate (quod subclaudicare quidem et vos intelligitis, neque ego diffiteor, quum aliquid nos latere dii voluerint); illud de suavitate totius operis :

IX. — « Universarum partium ita certus ordo est ut neminem fallat. Scilicet versatur totus in unitate et varietate. Hac enim summa operis accommodatur animo ita comparato ut voluptatibus, nulla varietate distinctis, finitimum sit fastidium. Illa vero mentibus, quæ totum non complectuntur, nisi unitatis quasi vinculis contineatur.

« Unitati proxima est quam συμμετρίαν nostri vocant; quum ex congruentia partium singularum unitas existat universarum. Ad varietatem pertinet ea quam ego *progressionem*, pace vestra, dixero.

« Natura ut symmetriam in maximis operibus contempsit ac dedignata est, ita hominem et cetera animalia symmetrice conformavit. Cui nos morem gerentes, ea symmetrice componamus, quæ uno obtutu universa videre licet; ea vero quæ singula et alia ex aliis, ita disponamus ut crescat delectatio. Nam, si deus aliquis, cui forte hominum felicitas obstiterit, nullam voluptatem voluerit esse diuturnam, nos delectationum varietate frustremur deum. »

X. — Tum demum Horatius : « Cetera assentior tibi, inquit (neque enim pedem alterutrum, quo fateris te claudicare, frangere humanitatis foret);

illud vero vereor ut tibi possim concedere, trutina nimirum populari artium suavitatem esse examinandam. Nec si te plebis judicio plus tribuisse tuear quam veritas atque ipsa res concedebat, subeundam patriciæ superbiæ opinionem puto mihi, libertino patre nato :

Quem rodunt omnes libertino patre natum.

Quidquid id est, proavi nostri, quum Ennii numeros et Plauti sales laudavere, egregium, credo, judicii popularis specimen ostenderunt. Equidem, Callisthenes :

Interdum vulgus rectum videt, est ubi peccat[1]. »

« Imo, inquit ille, duo sunt, Horati, quibus non vulgi modo, sed etiam peritorum judicium corrumpitur. Etenim ut fame et satietate gustatus, ita inopia et luxuria artium judicium vitiatur, ut tum etiam amaris et asperis delectetur, tum ea tantum sequatur, quæ nimia lævitate polita, aut nimia suavitate condita sint. Itaque, quum litterarum studium illatum fuit agresti Latio, proavis vestris, studiosis et inopibus, erupit subito fames, etiam in artibus malesuada. Posteri contra, si exuberent aliquando luxuria litteræ romanæ, inter divitias obrepere fastidium sentient. »

Hic Horatius : « Ne inopiam, inquit, romanam redarguas, nunc te domum deducam tuam, ubi tibicen Antigenidas discipulo dixit frigenti ad populum : « Mihi cane et Musis'. » Ita populare judi-

_____

[1] HORAT., *Epist.* lib. ii, ep. i.

cium castigans. » — Tum Callisthenes : « Ego te,
inquit, ad romanam, ut vocas, inopiam reducam,
ad theatra nempe vestra, ubi non modo concentus
et catervæ, sed etiam singuli, si discrepent, explo-
duntur a multitudine, ac foras ejiciuntur. »

« Quid vero, inquit Horatius, si Antimachus,
clarius poeta, cujus habemus librum, quum eum
legentem reliquissent omnes, præter Platonem :
« Legam, inquit, nihilominus; Plato enim mihi est
instar omnium millium [1]. — Quid vero quod Homerus, inquit Callisthenes, clario poeta clarior,
quum diu casibus et fluctibus per insulas et oras
maris jactatus fuerit, prius populorum multorum
assensione celebratus fuit, quam peritorum judicio
comprobatus? Quid præsertim quod Athenis, ubi
tragœdiarum judicium penes multitudinem fuit,
cuique pro dignitate semper tributum fuit, et eos-
dem vulgi judicio gradus habuerunt poetæ, quos
etiam nunc intelligentium consensu tenent [2]? Quid
tandem quod Athenis et Romæ, teste oratore ro-
mano [3], oratores omnes suo quemque loco posuit
multitudo ?

« Hoc interesse quidem fateor artes interdum
aliquid habere vel molle vel subtile, quo sensus

---

[1] Cicero, *Brut.*, c. li.

[2] Ita Anacharsis apud Bartholomæum : *D'où vient qu'Eschyle ne fut cou-
ronné que treize fois, Sophocle que dix-huit fois, Euripide que cinq fois?
C'est que la multitude décida de la victoire, et que le public a depuis fixé les
rangs.* Num igitur exciderat tanto viro ternis tragœdiis et poemate insuper
satyrico decertatum fuisse?

[3] Cic. (quem nominare veretur Callisthenes, præsente Mæcenate), *Brut.*,
c. XLIX-LIV.

multitudinis parum impellantur. Quam multa tamen (ea dico quæ sunt etiam orationis) omnium sensibus æstimantur! quid enim? si obscura sit oratio, populus non intelligit; si adipata nimium, fastidit; si asperior, offenditur; si effusior, oscitat; si elumbis, non impellitur; si frigeat, friget. Cur igitur, Horati, peritorum doctrinam requiras in iis, quæ vel multitudinis sensibus recte judicantur? »

XI. — Tum Horatius : « Non iisdem omnes populos sensibus instructos esse sequitur, inquit, quum non idem omnium populorum judicium sit, neque eadem ubique pulchritudo. — Multa sunt, inquit ille, jam omnium populorum consensu comprobata. Etenim jampridem Homerus orbem lustravit triumphis, et statuæ illæ, quas heu! e Græcia victores exportaverunt, ita Romanos agrestes ac rudes occuparunt, ut M. Porcius indignaretur, et jam morum mutationem aperte prædiceret.

« Nec tamen diffiteor, ut temporum, ita locorum intervallis distingui ac discriminari judicia et pulchritudinem ;

Et quid quæque ferat regio, quid quæque recuset

valde notandum.

« Inaffectatæ veneres sua in Græcia habuere incunabula. Romani, quum nos imitarentur, limarunt, expolierunt; nec sunt tamen assecuti veneres eas, quas exterret limæ argutæ labor, et nulla imitatio consequi potest. Verum (quod in imitantibus omnibus contingere solet) naturam labore, gra-

tiam elegantia, subtilitatem gravitate compensa-
runt. Opimum dicendi genus delectat Asiaticos;
Rhodii saniores.... »

Tum subito Mæcenas tanquam expergefactus :
« Non id temporis est, inquit, quo terras disputationibus perlustremus; et ipse ego perorandi partes
suscipiam : suum cuique judicium, nec de his dis-
putandum. — Etiam, inquit ille, de suavitate; de
veritate enim licet disputare. Etenim eadem ubique semperque veritas est; varia pro sensuum varietate suavitas. Nihil tamen usquam nisi veritate et
suavitate unquam pulchrum fuit. »

Tum domum Horatius, ceteri Romam reverte-
runt.

XII. — Quum ante Mæcenatis domum rheda, qua
vehebantur, constitisset, et porticum fultam co-
lumnis Callisthenes contemplaretur, ei Mæcenas :
« In his quænam veritas? » inquit. — Callisthenes
vero erubescens : « De arte sileamus, inquit, cujus
versatur laus omnis in congestu lapidum; nisi tamen unitate et varietate contenta sit. Quin addam
lapidum perpolitionem singulorum, quæ magis tamen ad sculpturam pertinet, quam ad architectu-
ram. »

Tum taciti intrarunt domum.

Has theses dilucidare ac tueri conabitur Timotheus FABRE,
*in Facultate Litterarum jam licenciatus, ad gradum docto-
ris studens promoveri.*

Vidi ac perlegi,

Lutetiæ Parisiorum, in Sorbona, a. d. v kalend. januar. ann. M DCCC XXXIX,
Facultatis Litterarum in Academia Parisiensi decanus,

J.-V. LE CLERC.

Typis mandetur,

*Studiorum Inspector, procurandis Academiæ
Parisiensis rebus præpositus,*

ROUSSELLE.